LA VOIX

DE

L'IMPARTIALITÉ,

OU

L'ALLIANCE DU PLUS PUR ROYALISME

AVEC

LE VRAI PATRIOTISME;

DÉDIÉ

A M. Casimir-Périer,

Président du Conseil des Ministres du Roi,

PAR QUELQU'UN D'INCONNU QUI VA SE FAIRE CONNAITRE.

Les exemplaires qui ne seront pas revêtus du paraphe de l'auteur, seront réputés contrefaits.

Pour paraître incessamment :

LA PROPHÉTIE

DE

L'ÉZÉCHIEL DU XIXme SIÈCLE,

OU

PRÉDICTION D'UN SUBLIME ACTE DE JUSTICE,

1 vol. in-8° de 200 pages.

IMPRIMERIE DE POUSSIN.

LA VOIX

DE

L'IMPARTIALITÉ,

OU

L'ALLIANCE

DU PLUS PUR ROYALISME

AVEC

LE VRAI PATRIOTISME;

CONTENANT

Des Raisonnemens sur l'état actuel et futur de la Belgique, des Provinces Rhénanes et de l'héroïque Pologne; sur ce qui vient de se passer en Italie, et peut encore y arriver; ainsi que quelques mots sur la Savoie, l'Espagne et le Portugal, et enfin un précis des Rassemblemens qui ont eu lieu sur la place Vendôme, autour de la glorieuse colonne élevée par un grand Capitaine à la valeur et aux hauts faits de l'invincible armée française.

PAR UN HOMME FRANC ET SINCÈRE,

Qu'on taxera probablement de Henri quinquiste, quoiqu'il soit bien loin d'être Carliste et Louis-Antoiniste; mais qui est un des grands admirateurs de Louis-Philippe Ier, roi des Français, sans rien préjudicier aux devoirs de sa conscience.

PARIS,

CHEZ L'AUTEUR, RUE DE LILLE, N° 26,

Hôtel des Ambassadeurs,

OU PASSAGE SAINT-PIERRE, N° 6, RUE SAINT-ANTOINE,

ET CHEZ LES LIBRAIRES DU PALAIS-ROYAL.

1831.

LETTRE DÉDICATOIRE

A Monsieur Casimir-Perrier,

PRÉSIDENT DU CONSEIL DES MINISTRES DU ROI,

AYANT LE PORTEFEUILLE DU MINISTÈRE DE L'INTÉRIEUR.

MONSIEUR LE PRÉSIDENT,

J'AVAIS préparé l'extrait ci-joint de ma correspondance avec un de mes fils en garnison aux Antilles, pour le livrer à la presse, et, par là, fournir à mes besoins et à ceux de mes plus jeunes enfans ; mais avant de le faire, j'ai pensé qu'*en bon Français, réellement attaché de cœur et d'âme à sa patrie*, quoiqu'il en ait été bien maltraité, il était mieux de commencer par *faire hommage* d'une expédition manuscrite de mon ouvrage *au Premier Ministre du Roi*, qui se montre si digne et si capable d'occuper le poste éminent où *Sa Majesté*, dans sa haute sagesse, l'a appelé.

J'attends que vous daigniez, *Monsieur le Ministre*,

m'accuser la réception de cette pièce, et que vous me fassiez connaître que vous n'improuvez pas mon projet de pourvoir de cette manière à tout ce dont je manque avec mes deux plus jeunes enfans, pendant que deux autres des aînés servent *leur pays et le Roi*, et quatre travaillent pour ne point m'être à charge. La faim me ferait aller de l'avant, si je n'étais honoré d'une réponse, et alors tout ce que j'ai écrit depuis dix mois paraîtrait successivement.

Je suis avec un très-profond respect,

Monsieur le Président,

Votre très-humble et très-obéissant serviteur,

Le Chevalier de BAROLET DE PULIGNY.

Paris le 14 Mai 1831.

LETTRE D'HOMMAGE

A

Monsieur le Maréchal Soult,

DUC DE DALMATIE,

MINISTRE-SECRÉTAIRE D'ETAT AU DÉPARTEMENT DE LA GUERRE.

MONSIEUR LE MARÉCHAL,

DANS l'admiration où je suis pour toutes les hautes qualités *d'un illustre guerrier*, qui ajoute à *la brillante réputation* qu'il a acquise sur *les champs de bataille*, *celle d'un grand homme d'Etat*, par ses travaux à tout préparer pour assurer à la France le rang qui lui appartient et qu'elle doit occuper parmi les puissances de la terre, surtout depuis que les rênes de l'Etat sont entre *les mains d'un auguste et illustre Prince, valeureux* quand il faut se montrer, et *pacifique* quand on n'oublie pas qu'il est là avec *des héros blanchis* sous le harnais, et *une pépinière de Bayards* pour défendre le sol de la patrie et faire le bonheur des Français, qui abhorrent, dans leurs affaires intérieures, toute intervention étrangère ; dans *cette admiration pour vous, Monsieur le Maréchal,* je vous supplie de me permettre de vous faire hommage d'une expédition de la minute d'une petite brochure destinée à paraître incessament dans le public, et que j'ai *dédiée hier à M. Casimir Perrier, Président du conseil des Ministres du Roi, dont vous faites partie.*

Cependant, si *ce noble citoyen français*, dans sa haute sagesse, ainsi que *vous, Monsieur le Maréchal*, dans la vôtre, trouviez qu'il fût inconvenant, en raison de certains passages qu'en ma conscience, je ne puis ni retrancher ni changer, de donner ce petit ouvrage politique au public, j'en ferais le sacrifice, je m'abstiendrais de livrer cette esquisse de mes travaux à la presse.

Ce serait donner *au Roi des Français* et *aux nobles conseillers de la Couronne*, une preuve certaine et non équivoque *du vrai patriotisme* qui m'anime et m'animera toujours, puisque, j'aime à le dire, dans mon dénûment je comptais sur cette ressource pour donner du pain à mes plus jeunes enfans et en manger moi-même, car nous en manquons la moitié du temps.

Je suis avec un très-profond respect,

Monsieur le Maréchal,

Votre très-humble et très-obéissant serviteur,

Le Chevalier de BAROLET DE PULIGNY.

Paris, le 15 Mai 1831.

LA VOIX
DE L'IMPARTIALITÉ,

OU

L'ALLIANCE DU PLUS PUR ROYALISME

AVEC LE VRAI PATRIOTISME,

EXPRIMÉE DANS DES LETTRES D'UN VIEUX ET TOUJOURS ROYALISTE

S'honorant aussi du titre de Patriote français,

A l'un de ses Fils, officier dans un de nos régimens d'infanterie de ligne, en garnison aux Antilles.

Extrait d'une Lettre du 31 octobre 1830.

MON FILS,

JE t'ai laissé libre, et t'ai même engagé, après les événemens de juillet et ausitôt le changement consommé, de continuer la carrière militaire, parce que le devoir de tout Francais est de servir et défendre sa patrie, surtout quand il y a à craindre que l'étranger ne la menace et l'attaque.

Tu n'étais d'ailleurs lié par d'autre serment que celui qu'on fait prêter à tous les jeunes militaires, quand ils arrivent sous leur *drapeau.* Et bien! *Charles X a laissé tomber le sien, que tu aurais voulu défendre,* comme l'a fait jusqu'au dernier moment ton frère puîné, en brave et bon soldat, et qu'ensemble devant l'ennemi de l'état, vous eussiez défendu aux dépens de tout votre sang, ainsi qu'en ont agi, depuis des siècles reculés, ceux de qui vous êtes issus; mais *un Prince dont la valeur est connue de toute la France, et dont les étrangers en ont vu et ressenti la preuve, un Prince populaire comme le grand Henri, comme ce bon roi* dont tous les Francais n'ont jamais cessé de vénérer la mémoire, *se présente,* appelé par la nation, et se résigne à abandonner la vie heureuse et privée qu'il menait, *pour sauver la patrie de l'anarchie où elle allait tomber. Ce prince magnanime* offre un autre drapeau à l'armée francaise, *drapeau qui n'a pas moins que celui des lys guidé nos phalanges à la victoire* et *acquit une immensité de gloire à la France.* Eh bien! mes fils y seront fidèles; ils le suivront au champ d'honneur, et feront tout ce qui sera en eux pour mériter une part à *l'illustration acquise sous des enseignes qui ont fait naguère trembler toute l'Europe, et qui ont immortalisé la valeur francaise*, conduite dont leur frère aîné, décoré de l'étoile de l'honneur, leur a donné l'exemple en 1813 et 1814, et qui, en 1815, leur en a montré un autre non moins précieux, parce qu'alors, délié de son premier serment de fidélité à Napoléon, il en avait prêté un particulier à Louis XVIII, en qualité de garde du corps, dont il n'avait point été délié, et que jamais *il n'arrive que qui porte notre nom manque à la foi jurée* : en cela, *nous sommes des immobiles,* mes fils le prouveront toujours comme moi.

Si leur vieux père, que l'on traitera peut-être de trop scrupuleux, parce qu'il est plein de bonne foi, voyait l'ennemi aux portes de l'asile qu'il habiterait, il oublierait son âge, ses infirmités, ses douleurs, et ressaisirait son épée : *pour se battre et défendre sa patrie, il ne faut pas avoir prêté un serment qui nous pèserait parce qu'il en violerait un autre qu'on doit tenir jusqu'à ce qu'on en soit délié, il ne faut qu'aimer son pays, et avoir de l'âme et du cœur.*

C'est dans ces principes et ces sentimens que je continuerai d'élever ton plus jeune frère, qui est à présent dans sa douzième année; il témoigne toujours du goût pour l'état militaire. Je n'obtiendrai probablement pas aujourd'hui son admission à La Flèche, comme j'avais lieu de l'espérer autrefois, par la recommandation *d'une auguste Princesse* qui s'intéressait à lui; mais n'importe, quand il aura quinze à seize ans, et que tu seras de retour sur le continent, nous solliciterons ensemble son admission comme enfant de troupe dans ton régiment, et tu feras le reste pour qu'il honore sa famille par *un dévouement sans bornes à la France et au Prince* appelé par la nation à la gouverner, et si capable de nous faire occuper le rang qui nous appartient dans la balance politique de l'Europe.

Extrait d'une Lettre du 13 décembre 1830.

Notre révolution est un cours d'eau que rien ne pourra arrêter : c'est un fleuve qui change son lit, comme on a vu et voit encore le Rhin le faire périodiquement sur certains points, et comme je le vis arriver moi-même en 1804, quand j'habitais le Palatinat, entre les districts de forêt dits le Langzeil et le Bietensand, qui devint une île, au triage de Mittelbusch, près de Worms. *L'esprit du siècle ne se réformera pas; il se forme au contraire tous les jours de plus en plus sur de nouvelles bases* qui, à mon avis, ne peuvent que contribuer au bonheur des peuples, et qui consolidera *les trônes des têtes couronnées qui écouteront la voix de la raison,* qui leur dit qu'il n'y a de salut pour leurs couronnes qu'en ne s'obtinant pas à vouloir conserver ce qui est suranné et usé.

La branche aînée des Bourbons a été bien mal avisée de se laisser entraîner dans une opposition continuelle à un torrent irrésistible, au lieu de prendre des mesures pour n'en point éprouver d'échecs et pouvoir exister et se soutenir avec lui et au milieu de lui. *Cette branche aînée* a tout perdu en perdant trop prématurément *Louis* XVIII*, et avant lui le seul Prince* qui était en état de bien saisir et adopter ce qu'il y avait de mieux à faire. Il nous restait cependant *Madame la Dauphine;* mais son oncle et beau-père ne voulait pas l'écouter, et deux mois avant la catastrophe, il l'envoya pour ainsi dire en exil, parce qu'elle lui faisait des observations sur la fausse route qu'on lui faisait prendre. Quant *au Dauphin,* il n'en faut pas parler, il a trop montré qu'il a de grands droits au royaume des Cieux. J'ai cependant un petit mot à en dire qui trouvera plus bas sa place.

Aujourd'hui rien n'est à faire que de se soumettre à ce qui est établi et se consolidera, c'est-à-dire au nouveau gouvernement constitutionnel où chaque pouvoir a des limites fixes. Je vois le pouvoir exécutif en bonnes mains dans celles de *Louis Philippe*, et je suis assuré qu'en travaillant toujours comme il le fait avec les deux autres pouvoirs, la France restera grande et florissante, et résistera à toutes les coalitions qui pourraient se former contre le système qui prévaut. Elle fera même plus, elle y gagnera, si on s'obstine contre elle, si on vient l'attaquer; car nombre de provinces et d'états étrangers deviendront ses auxiliaires contre les prétentions des souverains absolus à maintenir chez eux et à tenter de faire renaître chez nous leur système, qui n'est décidément plus applicable en France (c'est une vérité), dont les habitans sont trop éclairés sur les droits naturels des peuples; *vérité tellement sentie et goûtée par toutes les nations de l'Europe, que le 19e siècle n'aura pas atteint la moitié de son cours qu'elle aura ressorti tous ses effets dans les états les plus asservis au régime du bon plaisir.*

Ce qui est arrivé en Belgique, ce qui arrive dans l'héroïque Pologne, ce qui peut arriver dans la Prusse Rhénane, ce dont l'Italie, l'Espagne et la Savoie sont menacées, etc, en sont plus que des indices, mais des preuves.

Nous n'avons donc de regrets à avoir que sur le coup porté à *la vrai légitimité,* coup que rien ne pouvait parer, attendu les fautes commises. Pour moi et bien d'autres comme moi, *je le dis hautement avec ma franchise et ma sincérité ordinaires,* ils existeront toujours, et je ne cesserai d'aspirer à le voir réparer, mais seulement de la manière dont je l'ai expliqué dans mon ouvrage de l'automne dernier, intulé : *la Prophétie de l'Ezéchiel du* 19e *siècle, ou Prédiction d'un sublime acte de justice, etc.*

Ce serait une boucherie affreuse, que de tenter de la rétablir ou relever une troisième fois par la force des armes étrangères, tant les têtes sont montées et exaspérées en France contre une telle intervention.

Le jeune Prince héritier légitime et présomptif de la couronne serait-il dans l'âge viril et entreprendrait-il de se présenter sur le sol français pour y revendiquer *son héritage,* qui lui était assuré par nos anciennes et nouvelles lois, *le trône que son aïeul et son oncle ont dû abandonner; par des fautes résultant de leur incapacité à régner et gouverner,* car, au fait, il n'est coupable de rien, rien ne peut lui être imputé, Il pourrait bien se faire qu'il réussît à se former un noyau d'armée, mais ce ne serait jamais, cela n'est que trop certain et bien certain, d'après tout ce que j'oberserve depuis dix mois, qu'en arborant lui-même le drapeau national, qu'il parviendrait à la grossir, et alors nous aurions une guerre civile des plus acharnées, qui durerait long-temps, coûterait beaucoup de sang, couvrirait la France de ruines, et dont le résultat ne peut trop se prévoir.

Nombre d'hommes, liés par un serment qu'il n'ont ni rompu ni oublié, et que tous les plus beaux sophismes des célèbres orateurs de notre tribune n'ont ni ne pourront jamais détacher; car, dans les principes mêmes de ces brillans orateurs, on ne peut forcer qui que ce soit à renoncer à son opinion, *étant reconnu et consacré que l'opinion est à chaque homme sa propriété.* Ces hommes consciencieux, dis-je, iraient se ranger sous les enseignes de *Henri V* (disons tout simplement le prétendant, pour n'effaroucher personne), et ils ne le feraient que par point d'honneur; beaucoup d'entre eux, déplorant cette levée de boucliers qui serait une bien grande calamité pour la France, et quand même ils seraient certains d'en être les premières victimes, ils y iraient en se disant: Mourons avec honneur, pour n'avoir pas à rougir de nous-mêmes en arrivant devant Dieu près nos aïeux et de tous les bons, sages, vertueux et vaillans chevaliers qui nous ont précédés dans l'éternité.

Henri V, ou le *prétendant, si on le veut,* car, au fait, nous ne pouvons pas avoir plutôt deux Rois en France, qu'il ne peut exister deux Papes dans l'église romaine, et aujourd'hui nous avons sur le trône un souverain qu'il faudrait être absurde et bien peu patriote pour ne pas convenir que nous n'en pouvons avoir de meilleur, tant qu'il voudra conserver la couronne, etc., le prétendant *se ferait-il aider par des troupes étrangères, comme alliées, autre calamité bien plus grande,* car les étrangers ne font jamais rien pour rien : ils n'agiraient que pour nous arracher de nouveau quelques grosses dents, des provinces entières, peut-être (mon sang bouillonne à cette pensée). Il n'est donc à désirer que de voir plus tard l'affaire s'arranger par voie de conciliation entre *la famille d'Orléans et l'illustre et royal enfant,* l'auguste orphelin, l'enfant du malheur que nous nous sommes tant réjoui de voir naître et d'entendre nommer le Dieudonné de la France, *sous et avec l'assentiment de toute la nation,* et non pas seulement avec les élus de l'aristocratie moderne, qui ont plus de prétentions et de hauteur que la plupart des hommes qui composaient l'ancienne aristocratie, qui n'en regrettent nullement le régime, et préfèrent l'égalité des droits de tous.

Quelqu'un venant d'Angleterre, m'a dit qu'on avait éloigné de *monseigneur* toute la séquelle jésuitique et congréganiste, qui présidait et dirigeait l'éducation de *Son Altesse Royale*, et qu'on ne s'attachait aujourd'hui qu'à lui inspirer des principes constitutionnels, et l'esprit militaire du temps. Cela est-il vrai? je n'en sais rien, j'en doute fort, et je me borne à dire : *Hélas! c'était avant la catastrophe qu'il en fallait venir là, et soi-même secouer le joug de tous les cafards et ambitieux, qui se croient bâtis d'un autre limon que le commun des hommes, et qui pensent que la population des états doit être exploitée à leur avantage.* Si cela est vrai, et que cela s'exécute bien, il nous reste quelque espoir de voir dans l'avenir un retour à la *vraie légitimité*, mais pour un avenir encore éloigné, car prudemment rien ne peut être changé à l'état actuel des choses, tant que les deux abdiquans, de piteuse renommée, seront de ce monde et auront *le jeune prince* avec eux ou en leur puissance; enfin, tant qu'il ne soit en état, par son âge et une éducation analogue, de régner et de gouverner constitutionnellement le royaume selon la charte de 1830, sous l'égide de son arrière-grand-oncle, qui, par-là, ajouterait encore à tout ce qu'il a fait de grand, de noble, de sublime et de généreux pour la France, et qui serait, de son vivant, couvert de couronnes d'immortelles par le monde entier, dont il assurerait à toujours le repos et le bonheur.

Mon fils, quand cette lettre te parviendra, vous aurez reçu et vu, aux Antilles, tous les documens préparatoires au grand procès des ex-ministres, dont les débats s'ouvriront après demain 15. Vous serez révoltés et indignés de toutes les turpitudes commises, particulièrement par Polignac. On plaint les autres dans le public; mais ce Polignac n'est plaint par personne. Les vrais royalistes, ceux qui allient ce sentiment au patriotisme, sont en quelque sorte plus exaspérés contre lui qu'une certaine classe de libéraux, c'est-à-dire que ceux qui étaient libéraux avec des arrières-pensées et des arrières-vues; car ceux-ci ne sont pas sans reproches à craindre, tandis que les premiers, qui ne trempaient pas dans les actions et projets de la camarilla, sont victimes de l'impéritie et de l'ineptie des coryphés de cette faction ennemie du bonheur des Français, j'ose dire de l'espèce humaine. J'avoue que je n'aurais jamais cru à tant de perversité. Oui, il faut être en effet bien pervers, ou être fous, pour avoir tenté de faire ce que *Polignac et complices* ont entrepris : *de subverser un ordre de choses aussi solennellement établi, consacré et juré, que le pacte social donné et octroyé par un roi législateur, le prince le plus sage et le plus éclairé de son siècle ; pacte reconnu aussi et juré par son successeur et toute sa descendance, hors le royal enfant, l'illustre orphelin, qui, s'il le jurait un jour, présenté par la nation, par son arrière-grand-oncle, le tiendrait aussi fermement qu'il tiendrait solidement l'épée de son père, pour protéger et défendre la France contre ses ennemis intérieurs et extérieurs.*

Au résumé, mon ami, je t'engage toujours à t'en tenir aux conseils que je t'ai donnés dans mes précédentes. N'ayant, ni toi, ni ton frère Henri, *prêté le même serment que moi : celui de chevalier de Saint-Louis*, et étant, par le fait, dégagés de celui que vous aviez prêté *sous le drapeau blanc*, et, puisque le *bienheureux Charles X et son fils Louis-Antoine*, tous deux très-experts dans l'art de giboyer, et point du tout dans celui de gouverner (*), et, puisqu'*ils*

(*) Le 26, ils étaient allés tranquillement à la chasse, pendant

ont craint de venir le voir flotter au milieu de la fumée de la poudre à canon, dont ils n'ont cependant pas été avares, mais de loin, *et qu'ils l'ont mis ensuite dans leur poche, tout taché du sang français qu'ils ont fait répandre*, pour s'en servir comme d'un mouchoir pendant leur nouveau pèlerinage, jusqu'à ce que saint Ignace les conduise en paradis; mes enfans n'ont rien de mieux à faire que de suivre, d'être fidèles et de défendre vaillamment le drapeau national sous lequel, en vrais et bons Français, ils se sont rangés; drapeau qui, je le prévois, ne fera plus place à l'autre, qui n'avait point mérité d'être prostitué comme il l'a été par l'ex-roi, et *abandonné, dans le danger, par le premier de ses héritiers*, qui aurait dû venir verser son sang avec cette brave et fidèle garde royale, en holocauste et expiation de l'entêtement de son père à *ne vouloir arrêter le carnage que quand sa cause était perdue.* Ah! n'aurait-il pas mieux valu mourir avec honneur, les armes à la main, que d'aller s'enfouir dans les bois de l'Ecosse pour faire sans cesse une guerre impitoyable à de paisibles animaux? Est-il une mort

que les fatales ordonnances publiées dans le *Moniteur* étaient autant de fusées à la Congrève qui allaient embraser Paris, sans qu'ils eussent songé à faire venir des pompes à incendie.

plus belle que de mourir en guerrier? *Ney survit au plomb meurtrier qui en a privé la France.*

Pourquoi ceux qui, par leur position, auraient dû être les premiers à implorer à l'avance du monarque, qu'un arrêt qui allait être infailliblement rendu *dans l'intérêt d'une trop rigoureuse politique d'Etat,* ne fût pas exécuté, mais commué, n'ont-ils ni bougé, ni parlé? Ils auraient, par cette démarche, sauvé du trépas le brave des braves; ils se seraient attiré les bénédictions de toute la France, en tentant de conserver à la patrie un de ses plus illustres défenseurs. Nos annales compteraient un jour de grand deuil de moins. N'en avaient-ils pas reçu un bel exemple, en 1804, de Joséphine Tacher de la Pagerie, qui, quoiqu'elle ne fût pas écoutée de son époux, n'en a pas moins été louée et admirée de tout le monde. Ah! quelle maladresse! Peut-être était-on à la chasse ce jour-là, ou se préparait-on à y aller? Je n'en sais rien; mais ce que j'ai vu, c'est madame la maréchale princesse de la Moskova, avec ses enfans, tous vêtus de noir, auxquels, par ma consigne, je dus barrer l'entrée de l'escalier du roi, jusqu'à ce que le capitaine des gardes voulût bien les recevoir; et s'en aller ensuite fondant en larmes, scène qui m'a déchiré le cœur, et dont le souvenir l'oppresse encore. Hélas! il n'était plus temps : une grande faute politique était consommée, un héros venait de cesser d'être; il était tombé dans la tombe en soldat, avec des lauriers inflétrissables. Et vous, Charles X et Louis-Antoine, comment y descendrez-vous? avec un rabat et des guêtres de chasse bien faites, dont Caron, dans sa barque, ne vous fera pas seulement compliment.

Extrait d'une lettre du 15 avril 1831.

Ne pense pas, mon fils, que je me fasse illusion sur l'état actuel des choses : quant au duc de Bordeaux, que j'aime parce qu'il est le fils d'un prince qui avait l'âme et le cœur d'un soldat; ne crois pas que je me berce l'âme de chimères en raison de tout ce que j'ai dans le cœur : dès l'enfance et dans l'adolescence, j'ai été amené, par mon père, aux principes politiques qui ont dirigé toutes les actions de ma vie : j'y tiens par honneur, et je croirais devoir rougir de moi-même en les abandonnant. Toutefois, je n'ai pas laissé que de me convaincre qu'*en général l'équité et la reconnaissance ne sont pas toujours les vertus des princes, qu'ils ne conservent souvent qu'un souvenir importun du dévoûment qu'on leur a montré et des sacrifices qu'on a faits pour suivre et servir leur cause; que leurs caresses et leurs bienfaits sont pour ceux qui les flattent, leur indifférence pour ceux qui les aiment de bonne foi, et leur mépris pour ceux qui ont l'imbécillité de les respecter superstitieusement.* Comme telle a été, en quelque sorte, toute la conduite *des expulsés* depuis 1814 jusqu'au moment de leur déconfiture, ils se sont aliéné, en France, tant de monde, que, y seraient-ils ramenés de telle manière que ce soit, il serait bien difficile qu'ils y regagnassent assez de partisans pour pouvoir s'y soutenir : *des baïonnettes étrangères gâteraient totalement leurs affaires;* car l'opinion est unanime de ce côté-là : *tous les partis se confondraient en une masse pour les repousser.*

On aime la manière d'être de *Louis-Philippe :* on l'a toujours loué dans ses principes, admiré dans sa popularité et l'éducation analogue qu'il a donnée et fait donner à sa belle et si intéressante famille. Il ne lui manque que de *n'avoir pas été l'héritier présomptif de la couronne,* quand *Charles X et son fils le Dauphin* ont été contrains, de leur faute, à l'abdiquer et y renoncer; et, *si le duc de Bordeaux n'existait pas, tout deuil serait bien vite porté ;* mais ce serait folie d'entreprendre de soutenir sa cause autrement que par des moyens conciliatifs *avec l'auguste prince qui porte aujourd'hui la couronne*, qui, quoiqu'elle lui ait été offerte et donnée au nom du peuple ou de la nation, qui prétend avoir le droit d'en disposer, ce qui est vrai jusqu'à un certain point, ainsi que je l'ai expliqué dans un ouvrage de l'automne dernier, n'en est pas moins arrivée sur sa tête, *parce qu'il est du sang de saint Louis et d'Henri IV*, et que par-là on a espéré et même compté trouver moins de difficultés à le *faire reconnaître par les autres têtes couronnées.*

Ces réflexions ne font que m'affermir de plus en plus dans tout ce que j'ai exprimé dans cet ouvrage de l'automne dernier, dont je t'ai fait passer le triple titre, l'avant-propos, quelques fragmens détachés, et les deux post-scriptum qui en font la terminaison : je le tiens encore en portefeuille, pour ne rien faire d'inopportun ou d'intempestif; car à Dieu ne plaise que je ne fasse jamais rien qui puisse faire fermenter les esprits, animer les passions, et porter le trouble et la discorde au milieu de mes compatriotes, dont je ne désire que la prospérité et le repos.

Non, je ne me fais pas de vaine illusion : tout ce qui se fait et s'établit depuis la fin de juillet s'affermira et se consolidera. On n'ira point attaquer ceux qui y trouvent à redire et le critiquent; mais ils seront sévèrement reçus et traités, s'ils osent mettre les pieds sur le territoire français, pour intervenir dans des débats intérieurs et de famille, et tenter d'imposer des lois à une nation qui connaît ses droits et ses moyens.

Venons à ce qui se passe à notre porte. *Dans la Belgique*, point de doute que le soulèvement n'ait été suscité et amené par le parti ou la faction occulte et formidable qui a de longue main tout dirigé en France pour opérer notre dernière révolution, dans l'intention de l'exploiter à sa façon et dans son intérêt. On voit aujourd'hui que, toute remuante et active que soit cette faction (nom seul qui lui convient), elle ne pourra jamais républicaniser la France, et elle ne parviendra pas non plus à subverser dans ce sens les pays étrangers qu'elle a travaillé à faire insurger. *Cette Belgique redeviendra partie de la France à titre de nouvelle conquête*, si les Prussiens y mettent les pieds ; et probablement qu'alors on ne tarderait pas à les refouler au-delà du Rhin, et de reporter notre ligne frontière telle qu'elle avait été fixée par le traité de Campo-Formido, de 1797; alors nous pourrions fraterniser avec nos bons parens les Duvivier (Vincent et Louis) et ton frère Le Moutois, qui, sans me consulter, s'est naturalisé Belge, et qui était devenu un vrai fromage de Hollande, méconnaissant son sang, se retrouverait Français bon gré malgré, et Français royaliste patriote, au lieu de jaco-libéral que le borgne lui avait conseillé d'être.

Quant à *la Pologne*, *cette nation si sympathique à la nation française, de laquelle surgissent des milliers de héros*, il est dans l'intérêt d'autres puissances encore que l'Angleterre et la France, qu'elle soit détachée du colosse du nord, qui, depuis soixante ans et plus, s'est trop étendu en Europe. Cette campagne d'hiver, manqué par Dietbisch, pourra être réparée pour l'honneur des armes du czar; cependant rien n'est certain en fait de guerre; et aujourd'hui les Polonais, encouragés par leurs premiers succès, et se sentant soutenus d'une intervention *diplomatique* qui est tout à leur avantage, parviendront, il faut l'espérer, à soutenir le nouveau choc d'une campagne d'été, dans laquelle les

Russes vont avoir la facilité de déployer tous leurs moyens, et à finir par obtenir glorieusement leur existence politique, tout à fait séparée et affranchie du sceptre de l'autocrate, ou au moins des conditions qui les mettent à l'abri pour l'avenir, *si l'empereur Nicolas doit rester leur souverain*, d'être maltraités et avilis comme ils l'ont été avant de s'insurger. *Dans ce dernier cas, la faute commise en* 1812, *par Napoléon, ne serait qu'en partie réparée, tandis que dans le premir elle le serait complètement.*

Quant aux troubles et insurrections déjà comprimées en Italie, tout ceci a été aussi l'effet des manœuvres sourdes de cette faction antisociale, qui cherche et emploie tous les moyens d'allumer une guerre générale en Europe, afin d'y pouvoir à son aise propager et établir ses doctrines. Je plains bien les peuples qui se sont laissés entraîner et en sont devenus victimes, mais qu'y faire? *Le gouvernement français* doit-il, pour réparer le mal fait par les ennemis de tout ce qui existe légalement, et qui sont autant les siens que ceux des gouvernemens absolus, et qui voudraient mettre aussi la France en combustion, *le gouvernement de Louis-Philippe* doit-il aller compromettre le repos et le bonheur de tout ce qui est soumis à sa domination, en se rendant aggresseur vis-à-vis de puissances qui lui répètent sans cesse : *N'intervenez pas chez nous par les armes, et nous n'interviendrons pas chez vous.* Le roi des Français se borne donc à intervenir diplomatiquement, et se prépare à répondre solidement si on s'écarte de cette assurance ; et en cela, peut-on sensément dire autrement qu'il fait bien, très-bien ?

Il en a été de même pour l'Espagne et la Savoie. Sa majesté a empêché que ces cerveaux brûlés de réfugiés, soutenus et excités par la même faction qui leur fournissait des hommes et de l'argent, ne nous compromettent par des rassemblemens sur l'extrême frontière. Le Roi les a fait dissoudre et disperser.

Quant à don Miguel, le monstre, a dit fort naïvement, du haut de la tribune, le sage et éclairé général Sébastiani, la France le châtiera quand elle le voudra. Au surplus, cet usurpateur du trône de sa nièce ne peut finir que de la fin des tyrans. Ceux-là mêmes qui servent aujourd'hui d'instrument à ses cruautés, l'immoleront un jour en expiation de leurs propres forfaits.

Tu *vas dire, mon cher* Ezéchiel, que je t'accable de politique : il est vrai que je t'en donne bien long. J'en sentais la nécessité et le besoin; il fallait qu'à la distance où tu es du continent, je m'expliquasse ainsi pour que tu pusses bien te fixer sur la révolution de 1830, ses causes, son résultat, ses effets présens et à venir. Cela était de mon devoir vis-à-vis d'un fils le plus capable de tous mes enfans de soutenir notre réputation de famille; *c'était donc une nécessité. Le besoin* était de te faire prendre une juste idée des principes et opinions de ton père, et par là, de mon vivant comme après moi, pouvoir réfuter avec avantage la critique et le blâme qu'on voudrait jeter sur toutes mes actions politiques. En pareille matière et en pareil cas, tu dois enfin être mon palladium envers et contre tous. Tu en accepteras la mission avec autant de plaisir que j'ai de confiance à te la donner. Tu pourras dire hautement : « Mon père avait ou a un fonds de conscience et d'honneur d'où jaillissaient le plus pur amour de ses semblables et la fidélité à la foi jurée, ce qui le met et le mettait sans cesse dans une anxiété et une perplexité morales bien fatigantes, mais qu'il a supportées et supportera toujours avec courage, pour ne point manquer à un point d'honneur dont il nourrissait son âme et son cœur. Il a préféré la gêne et la pauvreté et toutes les souffrances physiques et morales qui en sont la suite pour un père de famille, *plutôt que de perdre le repos de sa conscience.*

Extrait d'une lettre du 12 mai 1831.

MON BON AMI,

MA lettre du 10, traitant d'affaires de famille, ne devant partir que demain 13, je veux profiter de ce qu'il reste de papier blanc pour t'entretenir de ce qui se passe ici depuis quelques jours.

Le lundi 9, en passant à portée de la place Vendôme, je vis près de la colonne un grand rassemblement : on y était paisiblement occupé à considérer toutes les couronnes de fleurs, d'immortelles qui y étaient jetées et déposées, et on y en jetait encore. J'aperçus une inscription ainsi conçue : *Au grand Napoléon, les débris du bataillon de l'île d'Elbe.* Ceci n'était rien ; je le trouvai, au contraire, bien ; *car* rien *de plus beau qu'un hommage rendu par de braves soldats à un grand capitaine qui les a tant de fois conduits au combat et à la victoire*. Sur une autre face, je vis une estampe qui me parut faite à la main, au crayon noir : c'était un fils au tombeau de son père, et *ce fils était le Duc de Reichstadt, l'épée nue à la main, la tenant basse, et ayant l'air de dire au public : Eh bien! vient-on? me suit-on? agira-t-on?* Ah! ceci! ai-je dit en moi-même, cela s'entend parfaitement, c'est significatif. La foule augmentant, je me retirai, n'aimant pas les rassemblemens.

Le lendemain, j'appris qu'il y avait eu le soir, du tapage, des cris séditieux, des vociférations : *vive la république, vive Napoléon II. Singulier amalgame, puisque Napoléon premier a étouffé cette république dite une, indivisible et même nommée impérissable, par les principaux moteurs du serment de haine à la Royauté, qui l'ont ensuite aidé à l'anéantir et à y substituer un régime despotique.* J'appris aussi que, pendant la nuit, la police avait tout fait enlever. Mais les 10 et 11, on s'est rassemblé de nouveau, et on a murmuré de cet enlèvement. Il a fallu faire venir des troupes de ligne et de la garde nationale. Quelques marches et contremarches d'infanterie en colonnes serrées, et quelques à-droite et à-gauche de cavelerie, ainsi que le jeu des pompes à incendie aspergeant les groupes, ont tout dissipé.

Mais les instigateurs de tout cela, qui ne sont autres que les *républicains* qui voulaient se renforcer des enciens militaires *encore bonapartistes*, ne se tiennent par pour battus; un autre soleil que celui du firmament les sèche et les sèchera en toutes saisons : c'est celui sorti des mines du Méxique et du Pérou, que les meneurs de la faction anti-sociale font jaillir sur la tourbe ignorante, non par rayons, mais à poignées. Les émissaires ou coureurs *de ladite faction*, que je nomme aussi quelquefois *faction infernale*, n'en déplaise à certain *héros* qui ne se dit jamais de sottises, quand il parle à la tribune *de ses trois-quarts de siècle de grands services*, tant la valeur de l'espèce de celle qu'il a toujours montrée est pleine de modestie; mais qui, par contre-coup, s'entend parfaitement à attiser et à souffler le feu avec une adresse parfois imperceptible; qui arrive ensuite pour prendre le commandement quand le dernier coup de fusil est tiré et que l'ennemi est repoussé; qui alors crie à tue-tête : victoire, victoire, mes braves; se pomponnant bien, et faisant aussitôt caparaçonner sa haquenée, pour présider à tout, sans pouvoir cependant parvenir à arriver à la présidence, modeste but de son amour pour l'égalité, qu'il entend à sa façon; qui ensuite, voyant que l'affaire ne tourne pas à sa *guise*, tire ses guêtres et se retire en fredonnant :

« *Vous me diriez peut-être adieu, vaut bien mieux* que *je vous le dise,* » *pour aller alors se remettre à rêver sans dormir; car il a, autrefois, assez dormi quand il fallait veiller.* Et quoi rêver? la *république*, dont il a eu lui-même bien peur en 1792, avant qu'elle ne fût tout-à-fait sortie de la boîte à Pandore. Ah! quelle extravagance! quelle erreur! pour un philosophe se prétendant un des plus initiés et des plus avancés dans la vraie lumière; comment? quand des chats échaudés craignent l'eau froide, s'exposer ainsi à en recevoir à foison et par torrens. Eh bien! que ce grand homme rejette son monde en avant, qu'il se mette une fois à leur tête, et on aspergera de nouveau. Voilà comme il faut traiter les têtes éventées et les cerveaux brûlés. Quant à l'homme au dada blanc, on tentera vainement de le laver, toute l'eau de la Seine ne suffirait pas pour le blanchir ou le décrotter, tant il s'est sali depuis quarante ans et plus qu'il a quitté ses talons rouges.

Ces émissaires ou coureurs de la faction infernale ou anti-sociale, composée de tous les jaco-libéraux, tiennent assez hautement des propos affreux, exécrables, contre le gouvernement de Louis-Philippe, et ne cachent point *leur espoir et leur désir de parvenir à le renverser*. Ce qui les enhardit est l'indulgence trop grande des tribunaux dans les procès politiques portés devant eux. S'il n'est pris des mesures sévères contre ces factieux, nous les verrons lever le bouclier de la révolte, et Dieu sait tout ce qui en arrivera. *Ne crois nullement, mon bon ami, que les partisans du prétendant* soient pour quelque chose dans les excitations au trouble et au désordre, quoiqu'on veuille parfois le donner à entendre. Les henriquinquistes sensés savent trop bien qu'ils feraient tort à cette belle cause en s'associant à ces deux factions contre un auguste prince si justement aimé, dont la France peut obtenir son salut, et à qui il faut laisser toute latitude et le temps nécessaire pour l'opérer et l'assurer à toujours.

On parle d'une note diplomatique du ministère Français à l'ambassadeur de l'*emperenr Nicolas*, qui est tout-à-fait dans le sens de ce que je t'ai mandé le 15 avril. Tu conviendras que je suis bien nommé Ezéchiel. Il y est exprimé, prétend-on, que, quel que soit le résultat de la lutte actuelle entre les belligérans, *la France tiendra toujours à ce que tout ce qui a été stipulé en faveur de la Pologne, par le traité de Vienne de 1815, soit tenu, observé et exécuté*, ou qu'il y aura de sa part déclaration de guerre, et qu'elle ne posera les armes qu'après avoir affranchi de toute domination la *Pologne*, qu'elle reconnaîtrait et ferait reconnaître par ses alliés, *nation indépendante.* Ce serait donc la Russie qui, au cas de refus, violerait un traité que la France a peu fait valoir *sous Charles X*, et qu'elle respecte et veut faire respecter *sous Louis-Philippe Ier*, tenant aujourd'hui les rênes du gouvernement, et sachant s'entourer de conseillers aussi nobles qu'habiles. Cette conduite n'est-elle pas aussi sage et prudente qu'admirable? Un cœur français s'en enorgueillit, car il y a long-temps que nous n'avons entendu tenir un tel langage. *Un ministère s'immortalise* en agissant comme le fait celui qui a remplacé les brouillons qui nous auraient attiré toute l'Europe sur les bras, et qui n'auraient ensuite su comment en sortir honorablement et d'une manière avantageuse pour *la France*, que je vois arriver, par le système adopté, *au plus haut degré d'élevation*.

Vive Louis-Philippe et le *ministère Périer*.

Par un homme franc et sincère, qu'on taxera probablement de Henriquinquisme; mais qui n'est pas du tout Carliste ni Louis-Antoiniste, qu'à son avis il faut laisser en repos avec les C.......

A SA MAJESTÉ

LOUIS-PHILIPPE Ier, ROI DES FRANÇAIS.

SIRE,

LE grand et sublime caractère que déploie *Votre Majesté* depuis que vous avez été appelé snr *le Trône*, après des événemens qui nous ont contristé l'âme et navré le cœur, augmente tous les sentimens d'amour et de vénération que vous portait déjà la plus saine partie de la nation Française, qui voyait *en vous l'image vivante du grand Henri, de ce bon Roi*, dont le titre, qui le flattait le plus, était celui *de Père du Peuple*, prince qui a été enlevé à l'amour des Français par la main d'un monstre imbu des doctrines d'une compagnie d'hommes dont, récemment encore, contrairement aux lois, on cherchait à empoisonner de nouveau la France.

SIRE,

Cet amour que nos pères portaient à *Henri IV*, *votre arrière-aïeul*, nos fils et nos neveux apprendront de nous, qui connaissons tous les nobles antécédens de la vie politique et privée de *Votre Majesté*, depuis son entrée dans le monde jusqu'au moment que, cédant aux vœux de la nation, vous avez accepté *la Couronne* et pris *le Sceptre* pour sauver notre belle patrie de l'arnarchie dont deux factions la menaçaient, pour consolider et affermir les institutions libérales qu'une autre faction avait minées, et pour nous faire récupérer notre place dans la balance politique de l'Europe, *cet amour*, dis-je, nos fils et nos neveux vous le porterons naturellement, en nous entendant sans cesse parler de la reconnaissance que toute la France vous doit et qu'elle pourra encore vous devoir.

Sire,

Au moment de livrer à la presse, pour le donner au public, un petit ouvrage intitulé : *La voix de l'impartialité ou l'alliance du plus pur royalisme avec le plus vrai patriotisme*, je me suis plu à en tracer moi-même un exemplaire manuscrit, pour *en faire hommage à Votre Majesté*. Daignez, *Sire*, me faire la grâce de l'agréer avec votre bonté ordinaire, et surtout, si *Votre Majesté* a été mécontente de moi en novembre dernier, je supplie respectueusement *la Reine* de vous communiquer ce que je lui ai adressé dimanche 22 du mois courant, pour réparer un tort que j'ai reconnu il y a long-temps, et que j'ai abjuré.

D'une auguste princesse, rendant *bonheur pour bonheur* à *son illustre époux*, que ne peut point espérer et attendre un Français, qui regarde *la vertu de ses Princes* comme *la plus précieuse vérité* qui rendra *la vérité de* 1830 impérissable.

Je suis avec le plus profond respect,

Sire,

De Votre Majesté

Le plus humble, le plus obéisant et très-fidèle Français,

Le Chevalier DE BAROLET DE PULIGNI.

Paris, ce 26 mars 1831.

A SA MAJESTÉ

MARIE-AMÉLIE, REINE DES FRANÇAIS.

Madame,

Il n'est de plus belle *vérité* que la *vertu*, et *cette vérité* ouvre les yeux à tout le monde, convainc tout le monde, gagne tout le monde.

Nous la voyons tous les jours de plus en plus éclatante, *cette vérité*, *sur le trône antique de nos Rois, dans l'auguste personne de votre illustre époux* et *dans celle de Votre Majesté*, toutes deux issues du *grand Henri*, de *ce bon Roi dont le titre qui le flattait le plus était celui de Père des Français*.

Madame, je devais à *Votre Majesté* une amende honorable, en réparation d'une ligne placée en dessous de la date de ma lettre dédicatoire du 24 novembre 1830, vous faisant hommage d'une expédition manuscrite de mon ouvrage intitulé *la Prophétie de l'Ezéchiel du 19e siècle*, ou Prédiction d'un sublime acte de justice, et c'est de toute mon âme et du plus profond de mon cœur que je m'en aquitte, priant, suppliant *Votre Majesté* de daigner l'agréer et d'oublier la faute commise de m'être un instant laissé aller à l'inconvenance d'un homme peut-être bien estimable, j'aime même à le croire tel, mais qui n'en a pas moins donné un dangereux exemple, en voulant faire rejaillir les torts d'un père sur son fils, et surtout *sur un fils qui, loin de l'avoir jamais mérité, ne présente dans toute sa vie privée et politique que des sujets de la plus grande admiration.*

Cet ouvrage, revu, corrigé et augmenté, finira par être donné au public *sans cette vilaine ligne que j'abjure*, et que j'ai regretté d'avoir écrite dès l'instant que j'eus lu en son entier la défense du personnage qui a été, le 24 novembre, condamné à l'emprisonnement.

J'ai augmenté ce travail d'un troisième post-scriptum sous la date du 3 mai courant, que j'aime à faire connaître à *Votre Majesté:* ce que ce post-scriptum révèle donnera la mesure complète de mes sentimens et de mes principes politiques, qui sont immuables et seront toujours inaltérables. J'en joins ici une copie.

Je suis avec le plus profond respect,

Madame,

De Votre Majesté,

Le très-humble et très-obéissant serviteur.

LE CHEVALIER DE B[illegible] DE PULIGNY.

Paris, ce 22 mai 1831.

www.ingramcontent.com/pod-product-compliance
Ingram Content Group UK Ltd.
Pitfield, Milton Keynes, MK11 3LW, UK
UKHW020456230726
13925UKWH00005B/1981

9 782014 063356